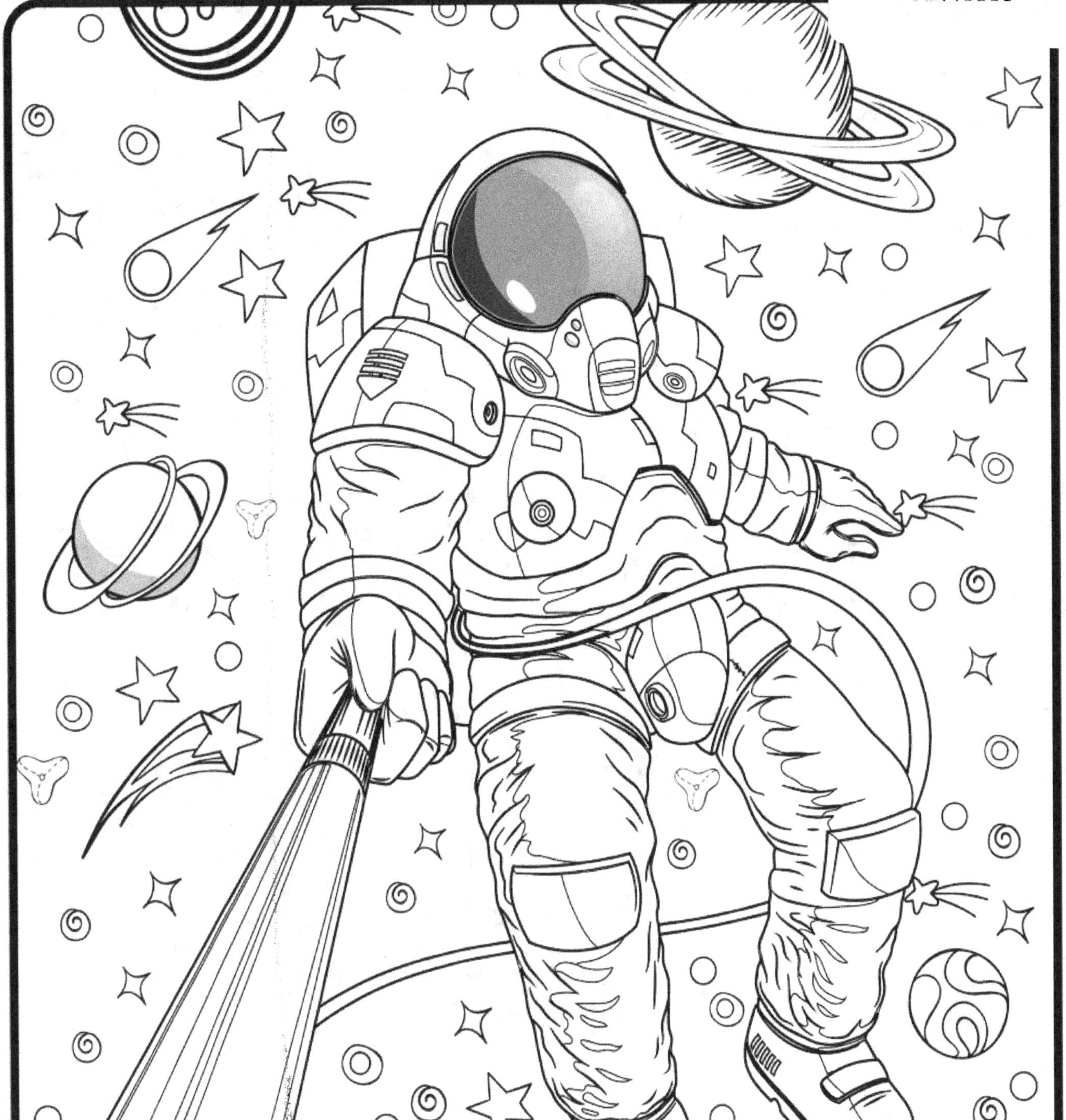

ESPACE LIVRE DE COLORIAGE POUR LES ENFANTS

Copyright © 2020 Katrin Stark

TOUS LES DROITS SONT RÉSERVÉS

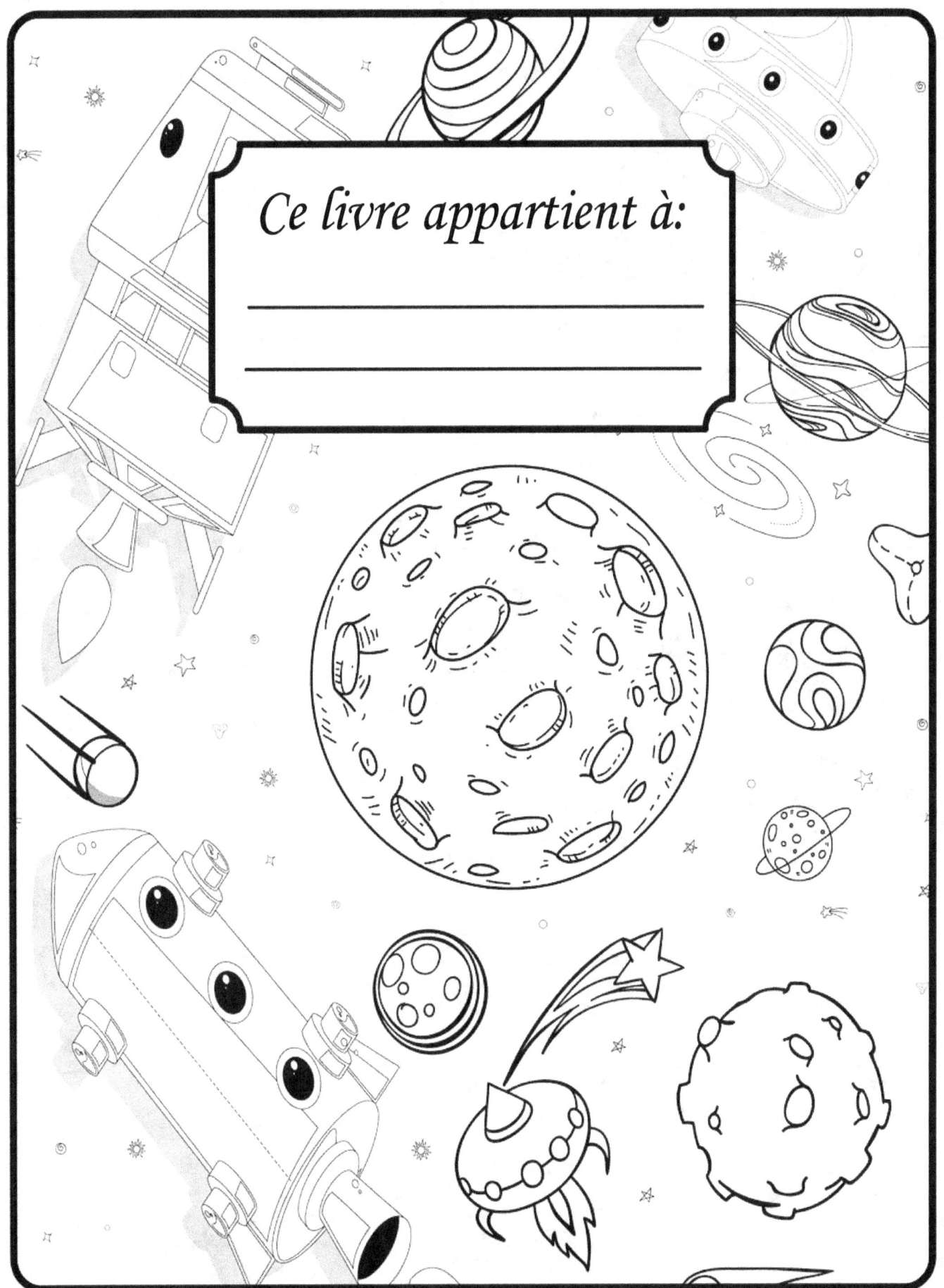

PAGE DE TEST DE COULEUR

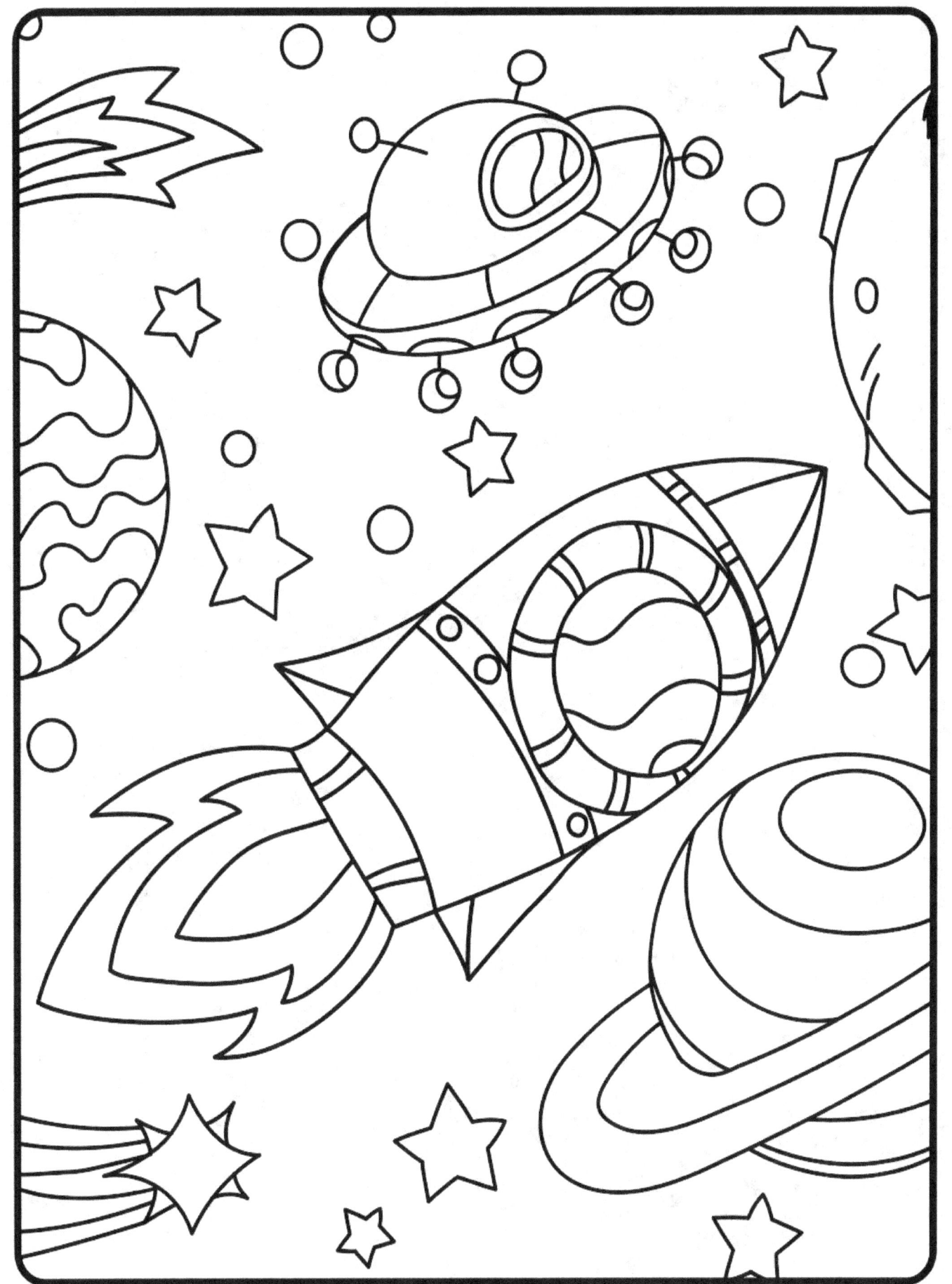

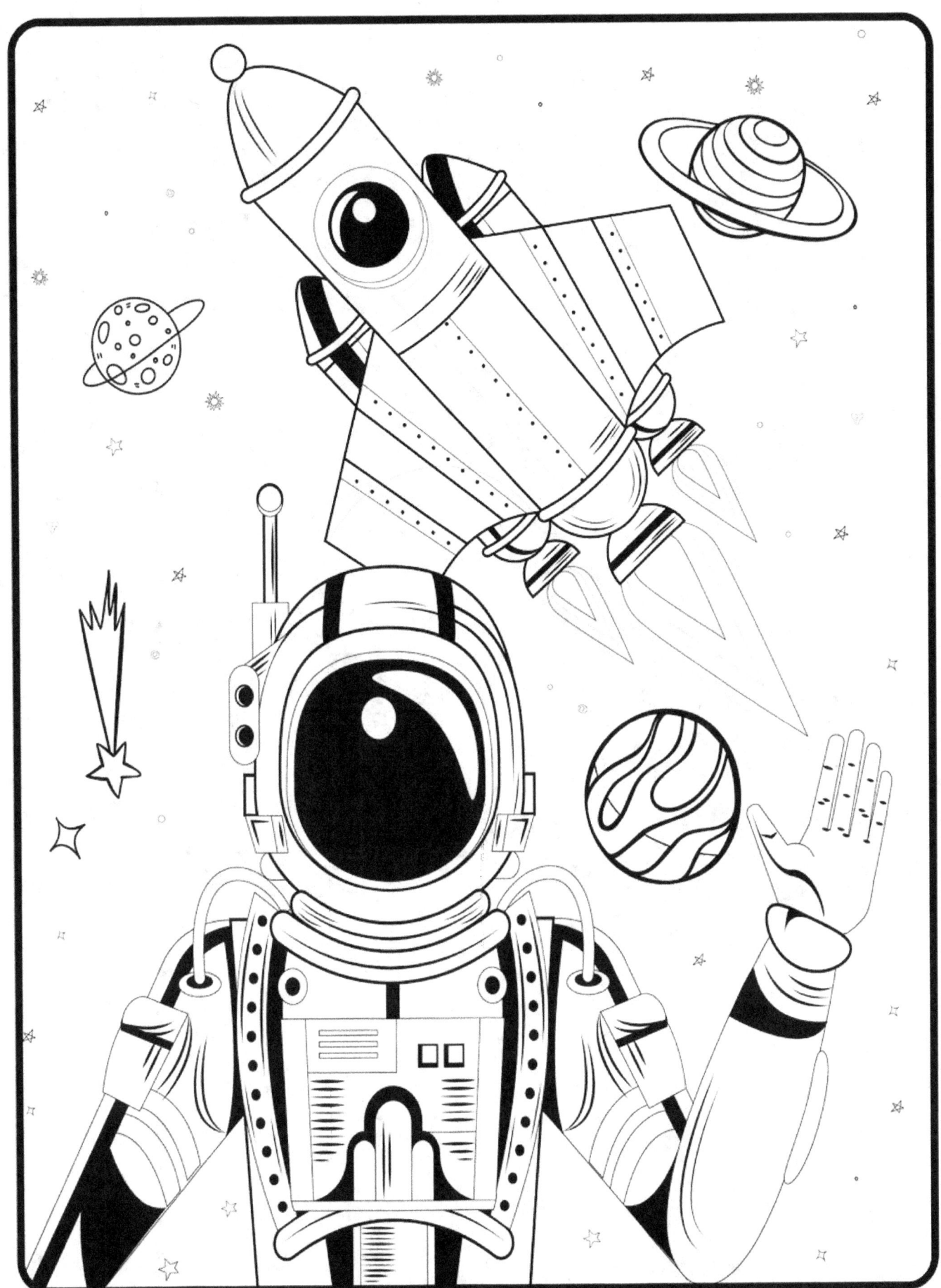

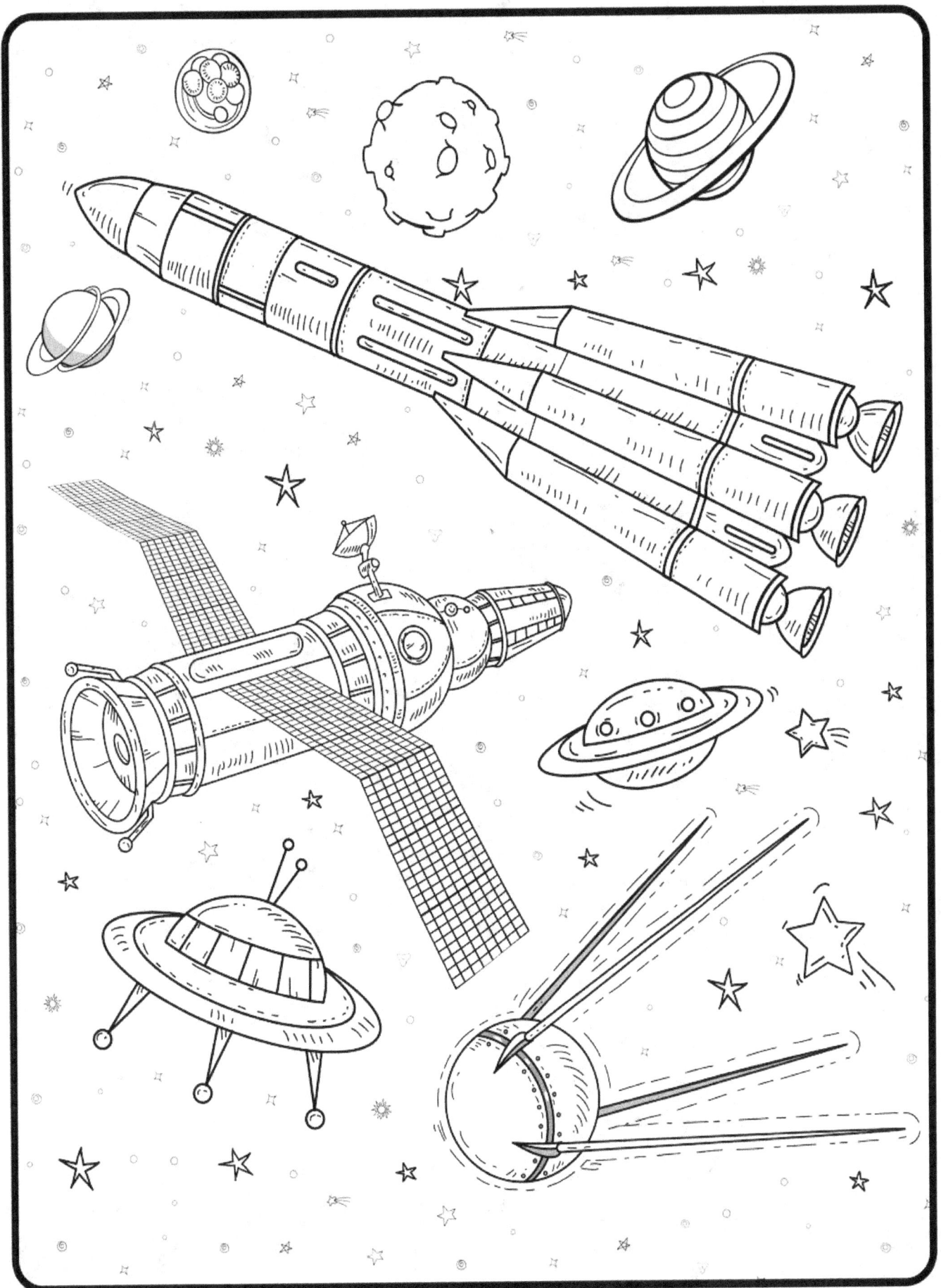

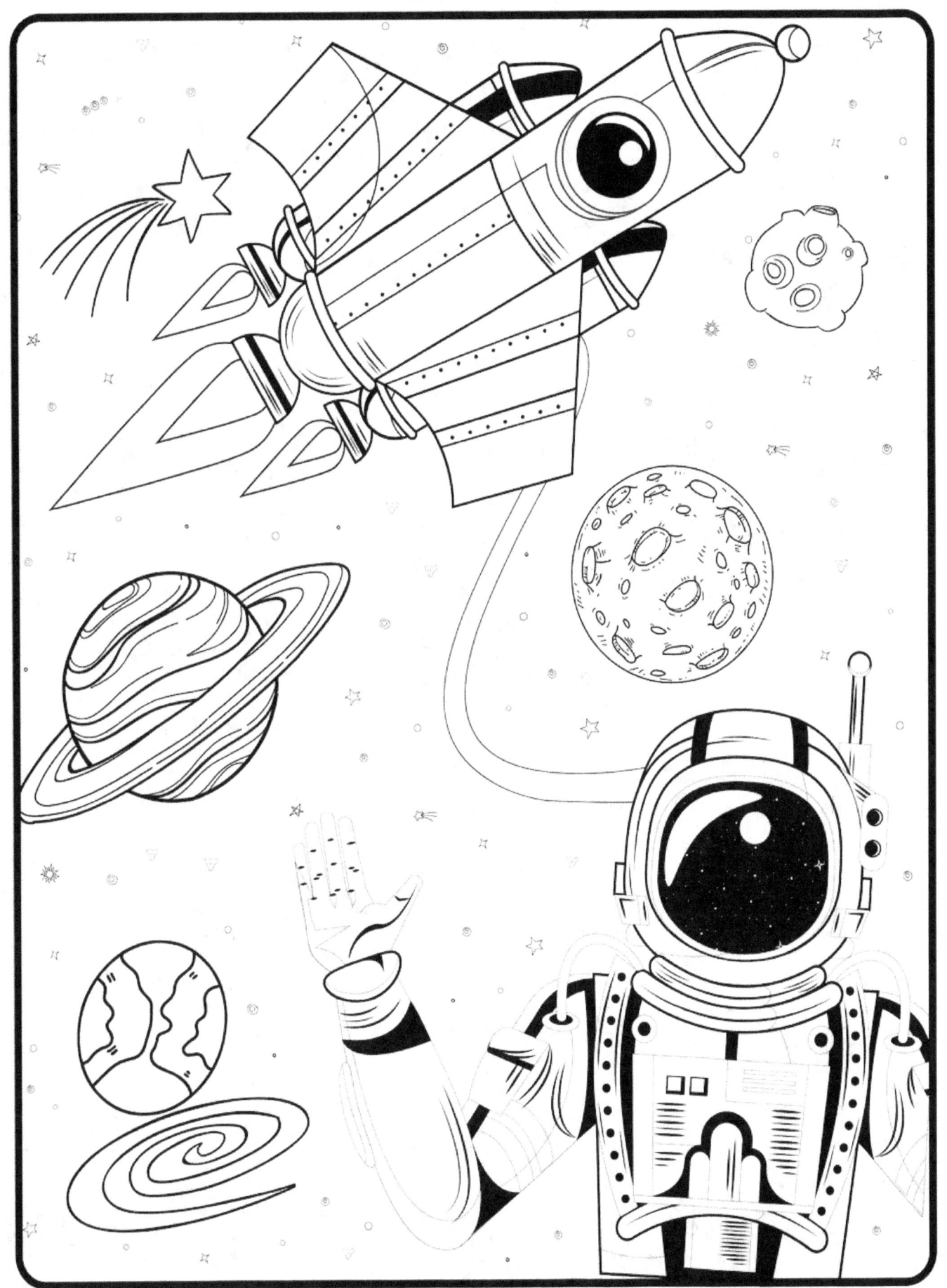

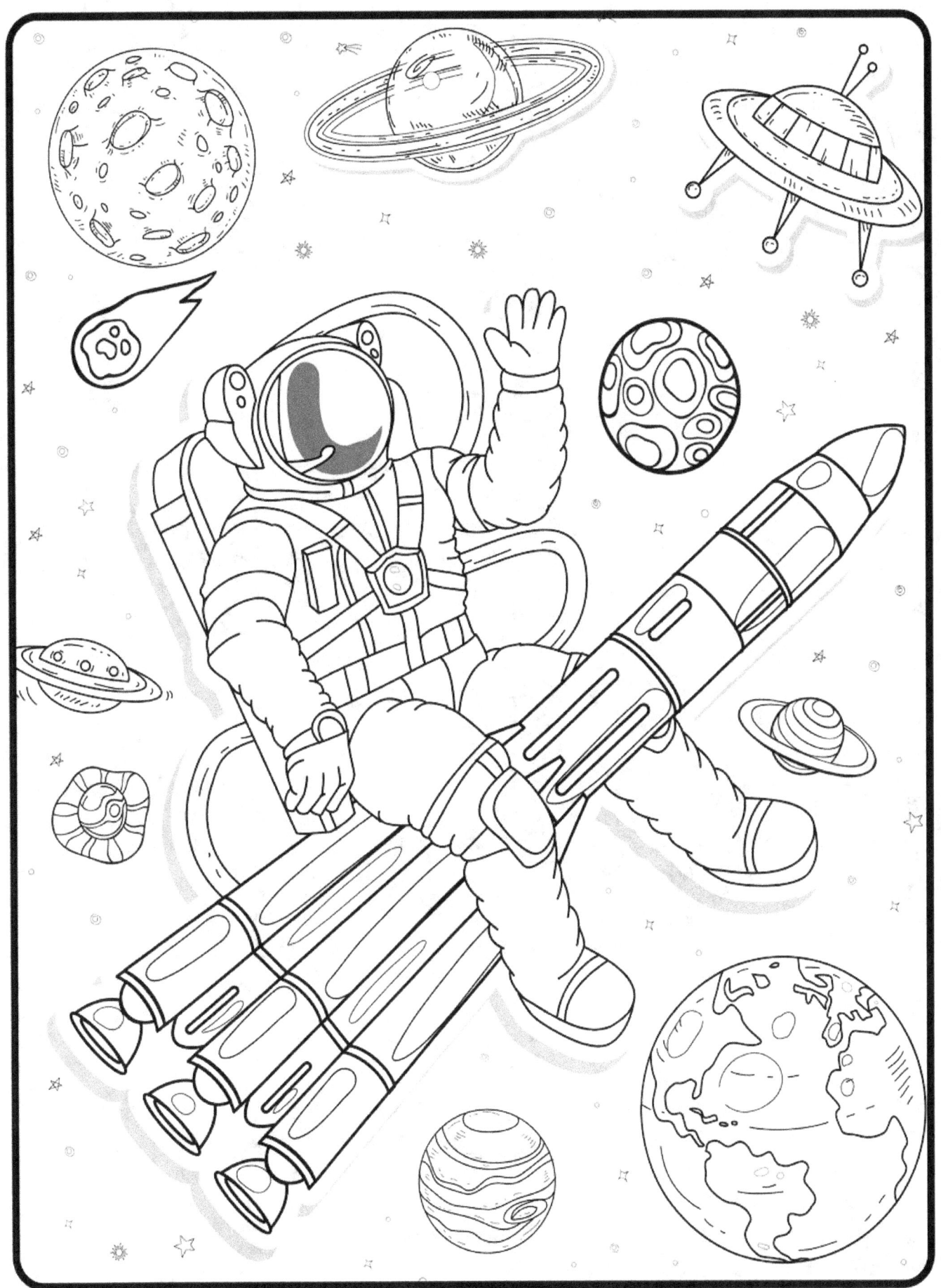

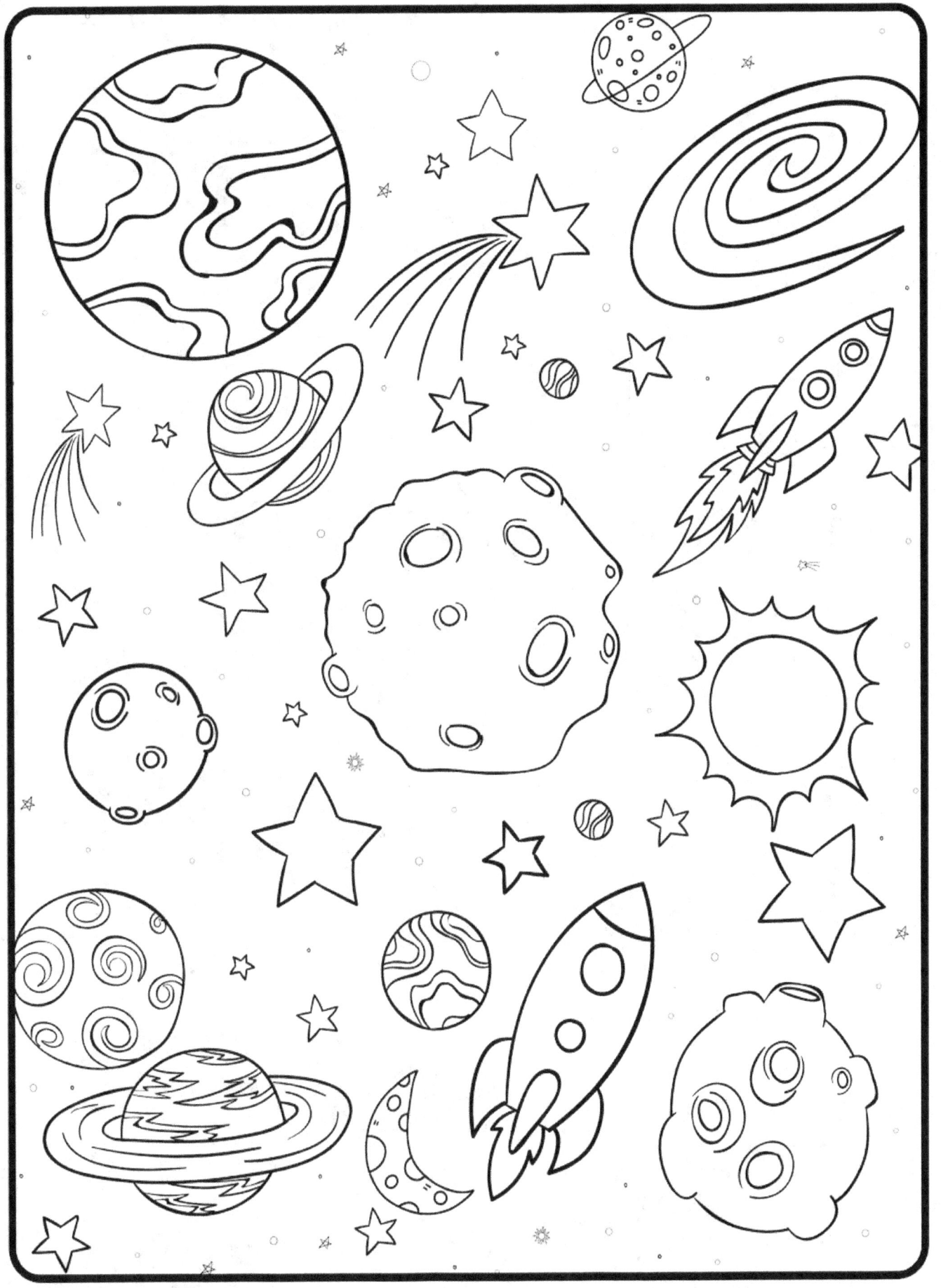

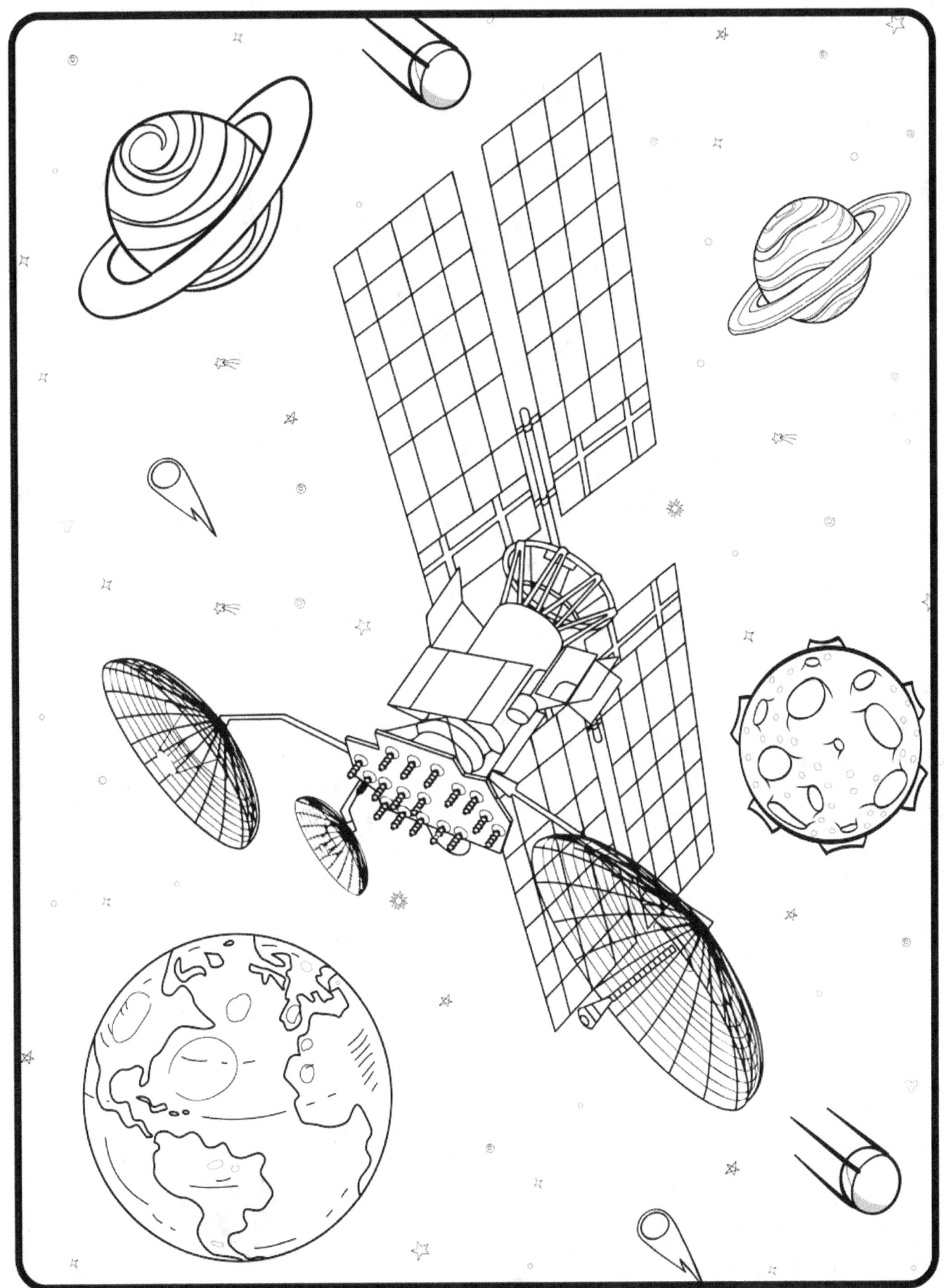

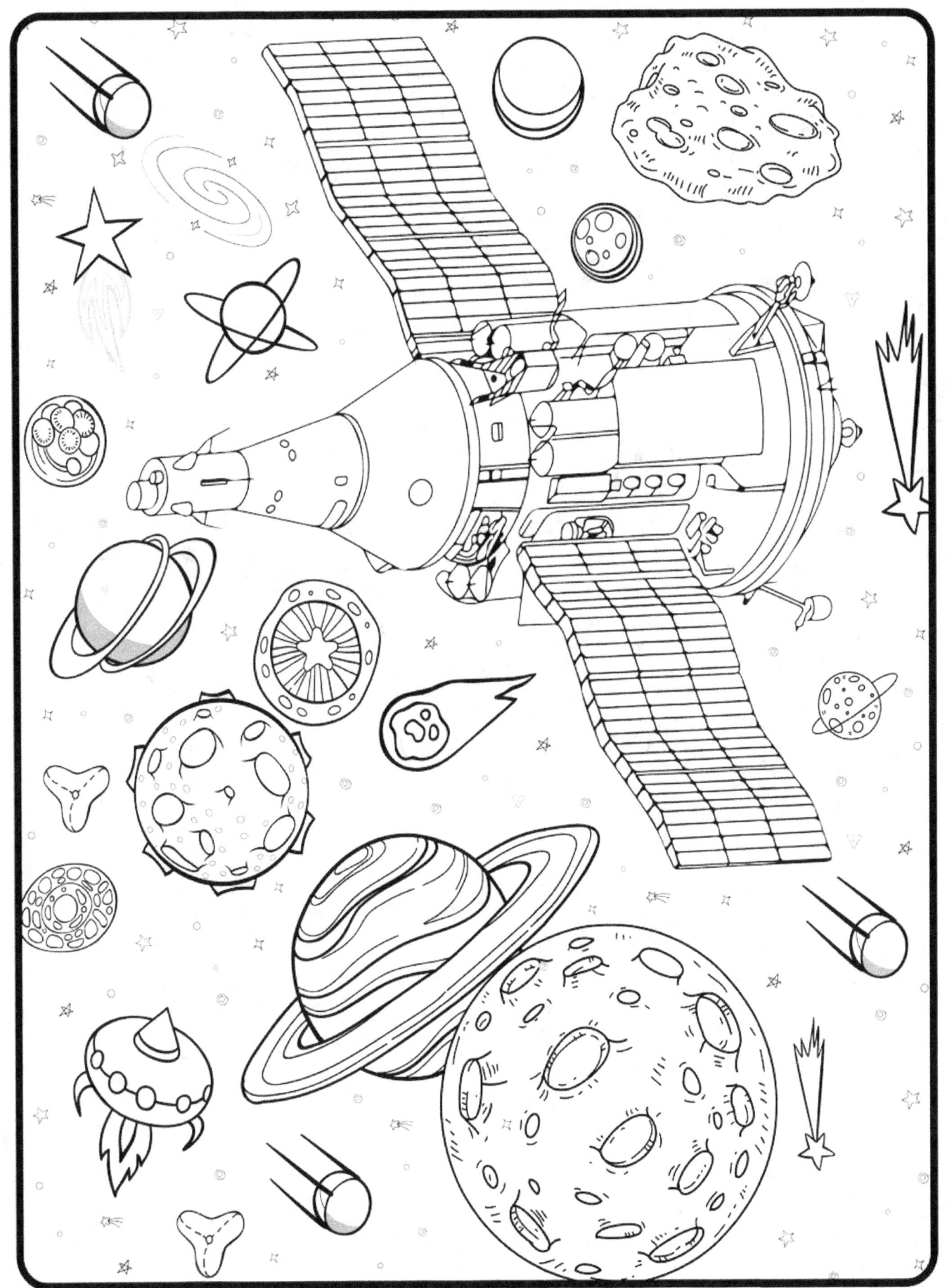

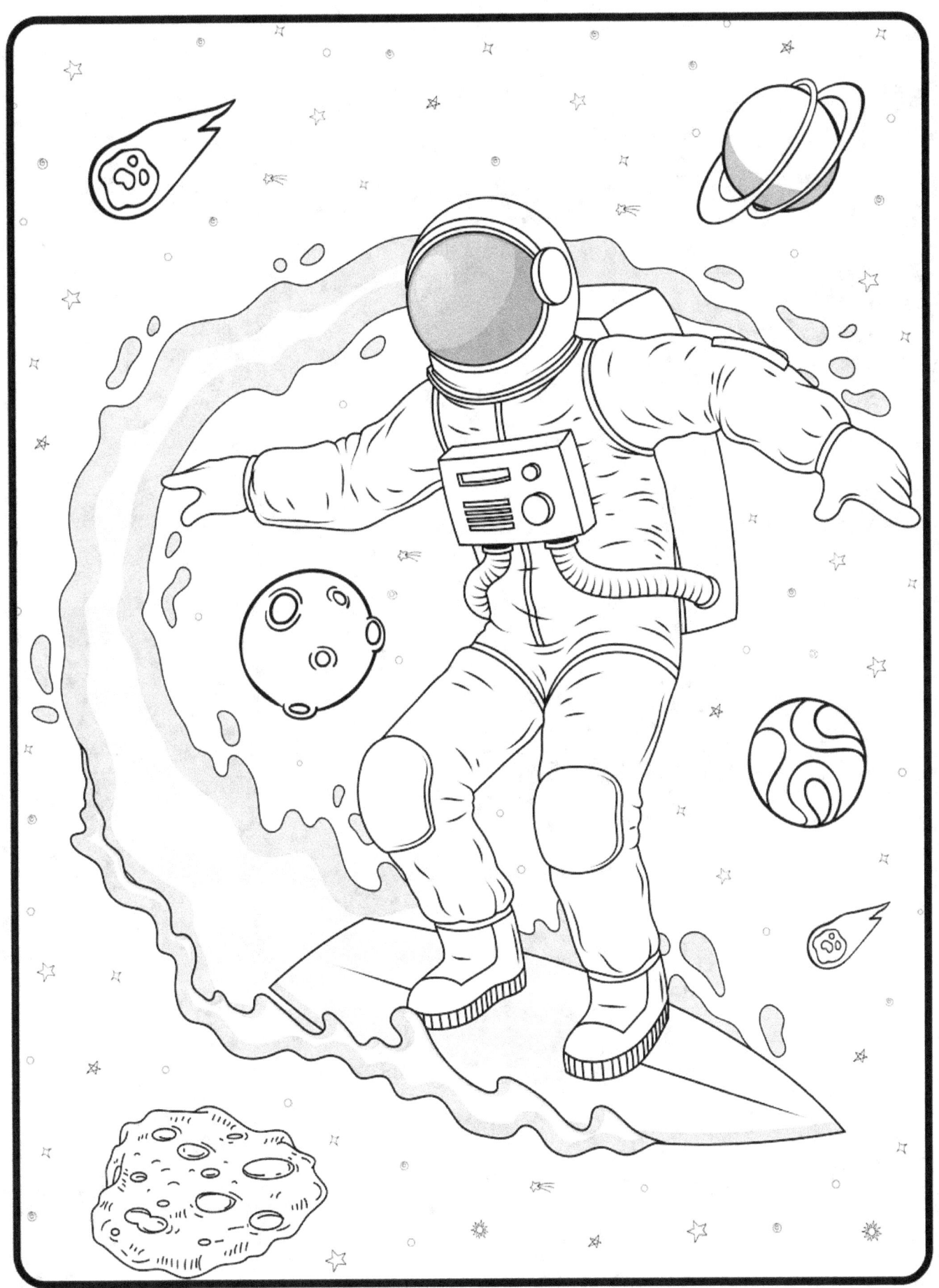

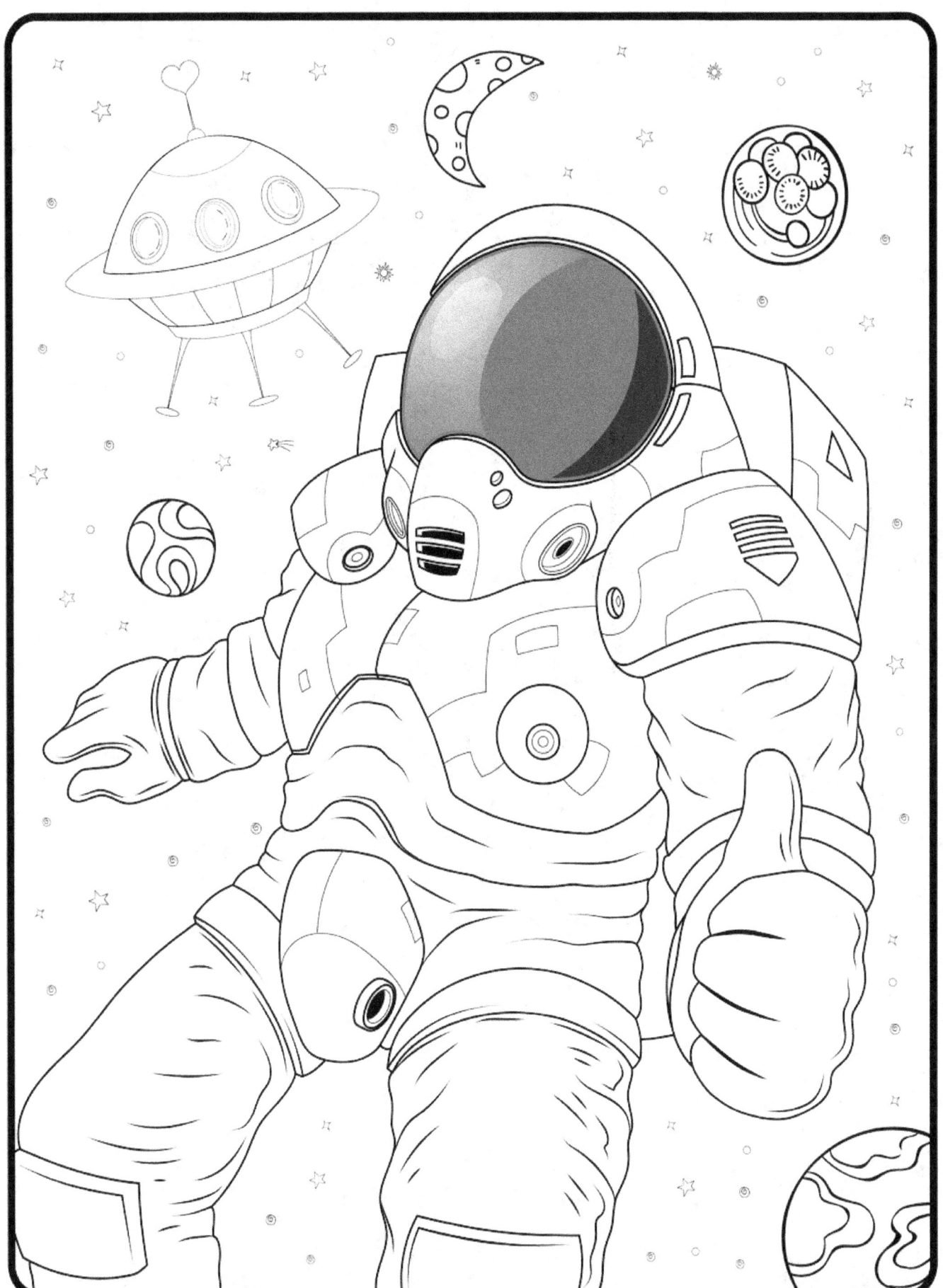

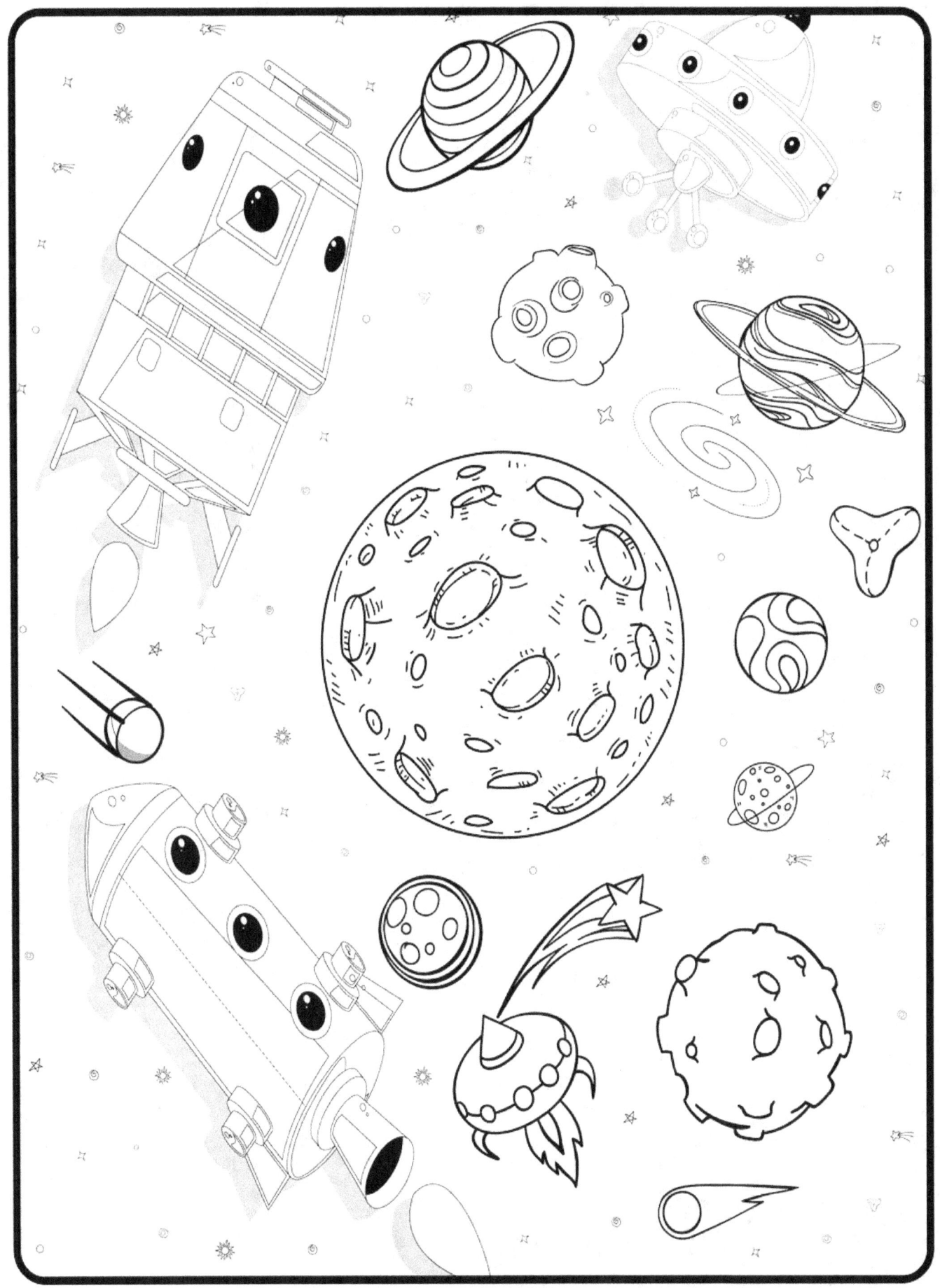

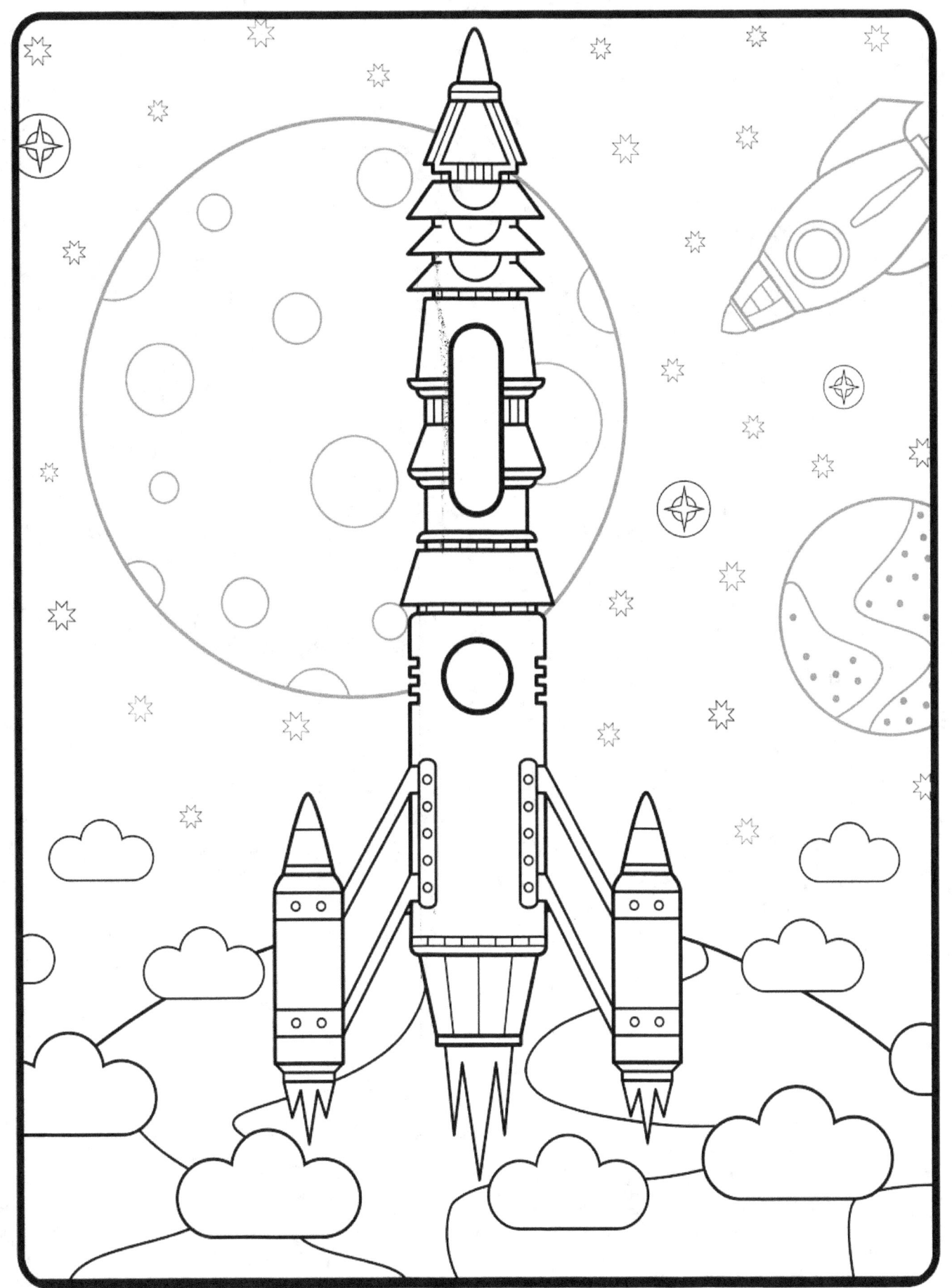

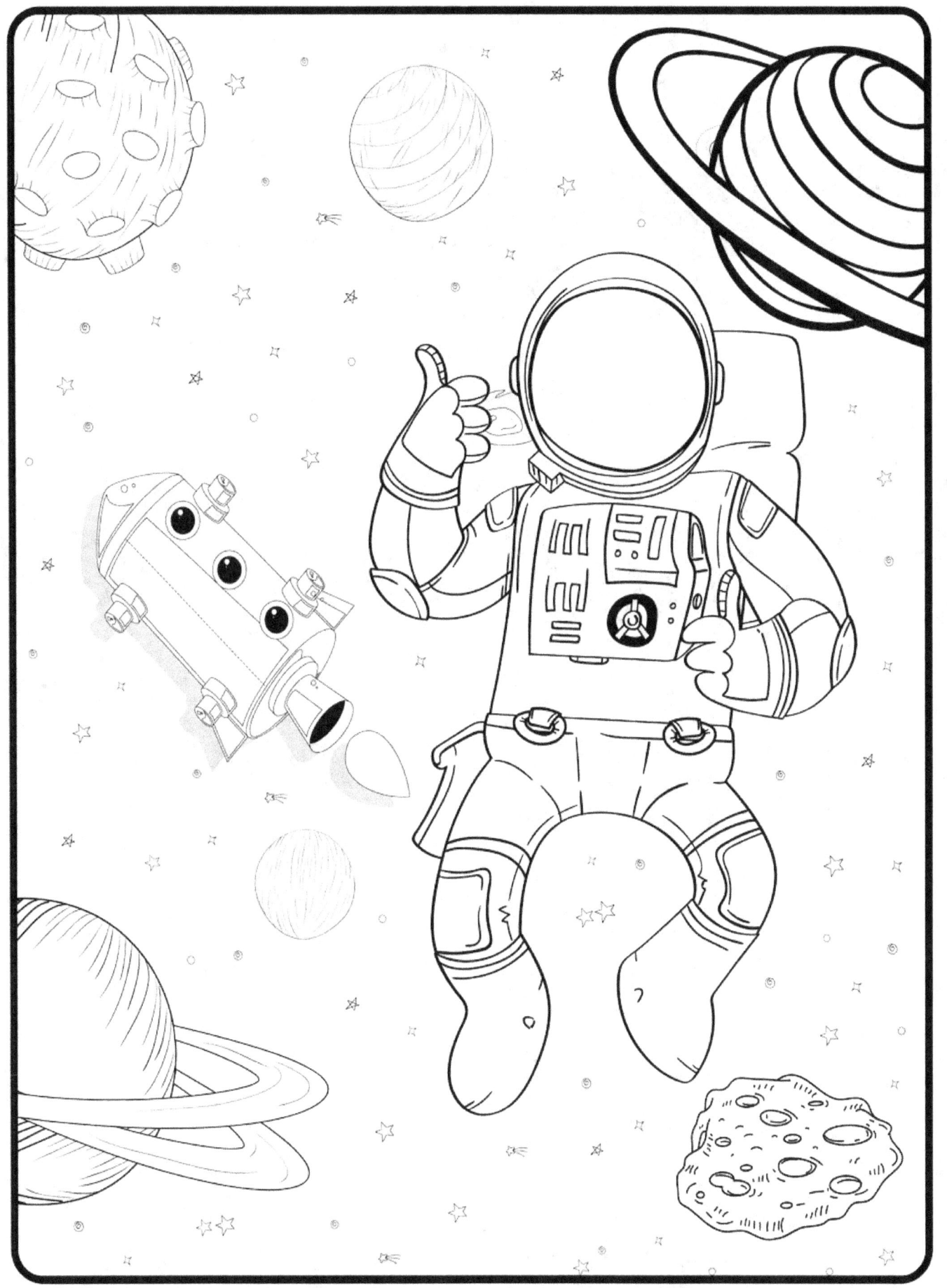

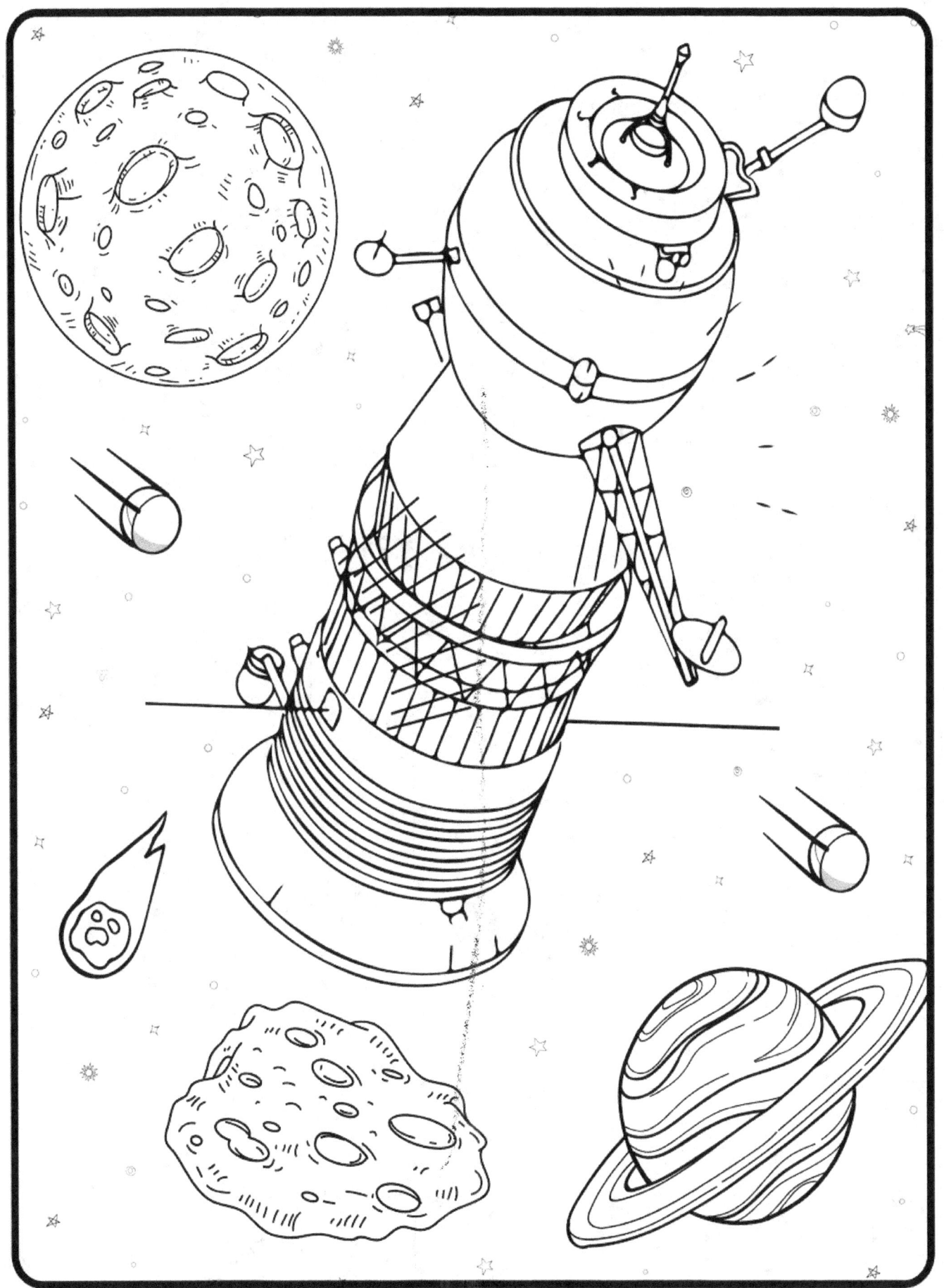

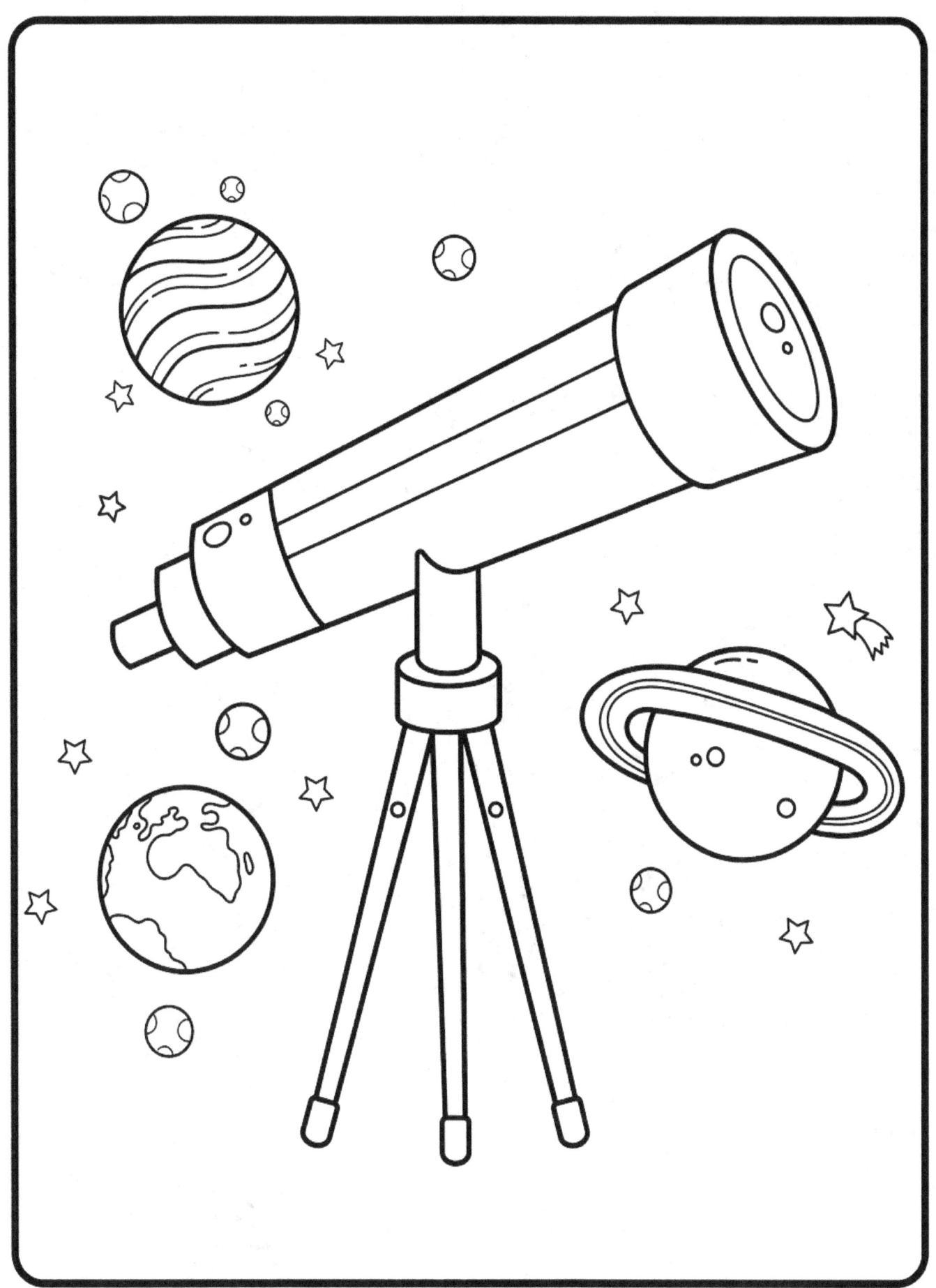

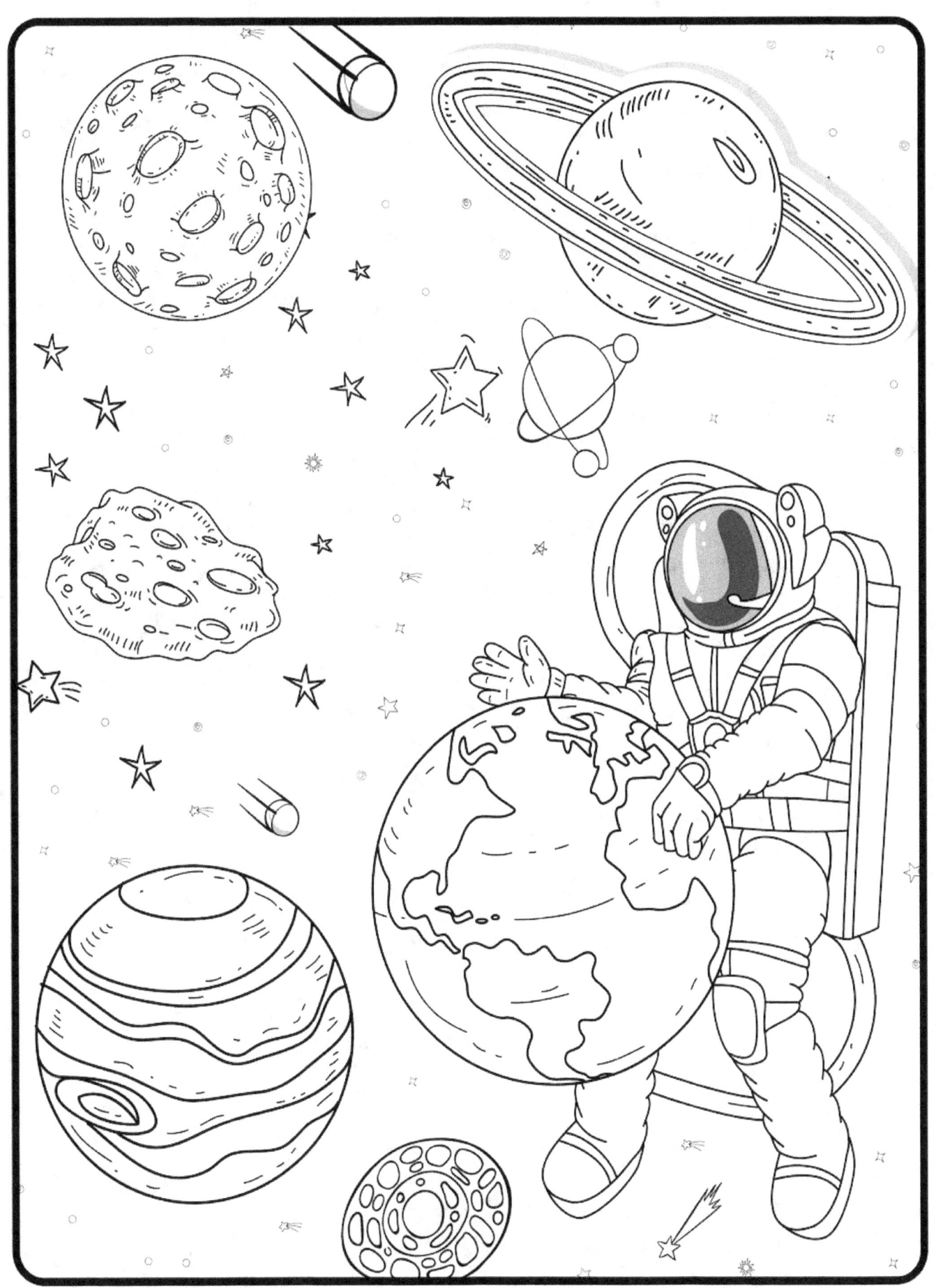

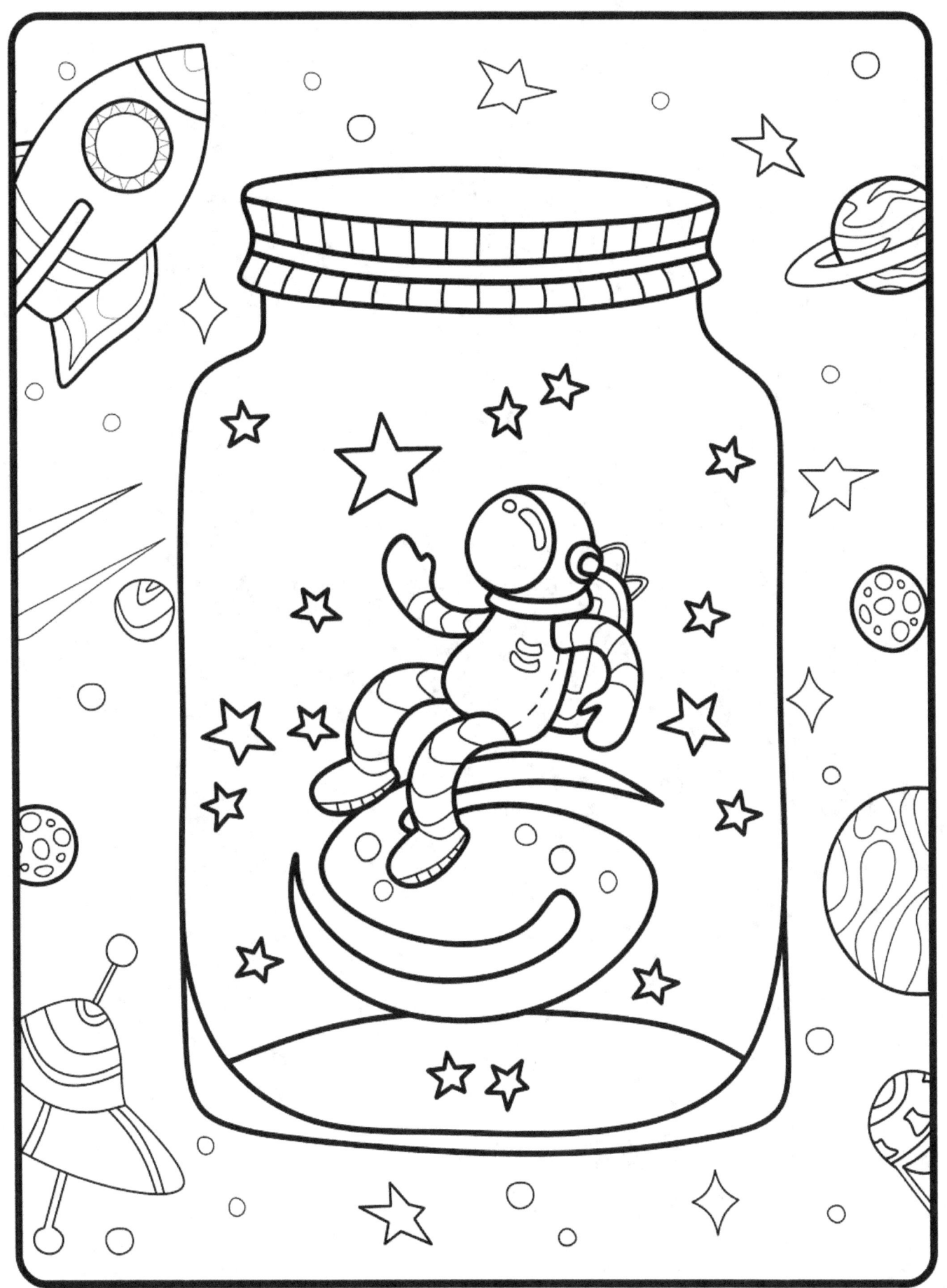

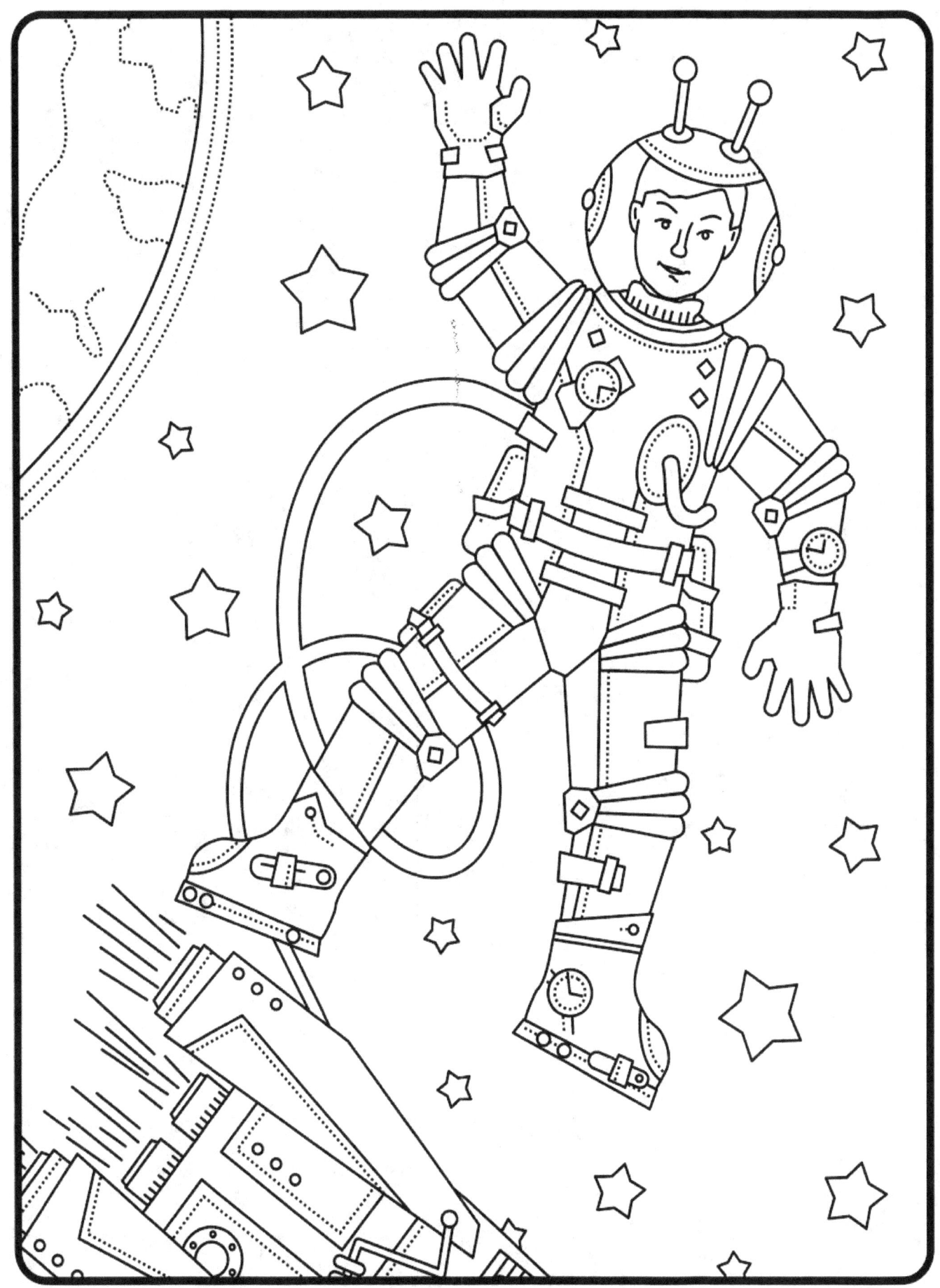

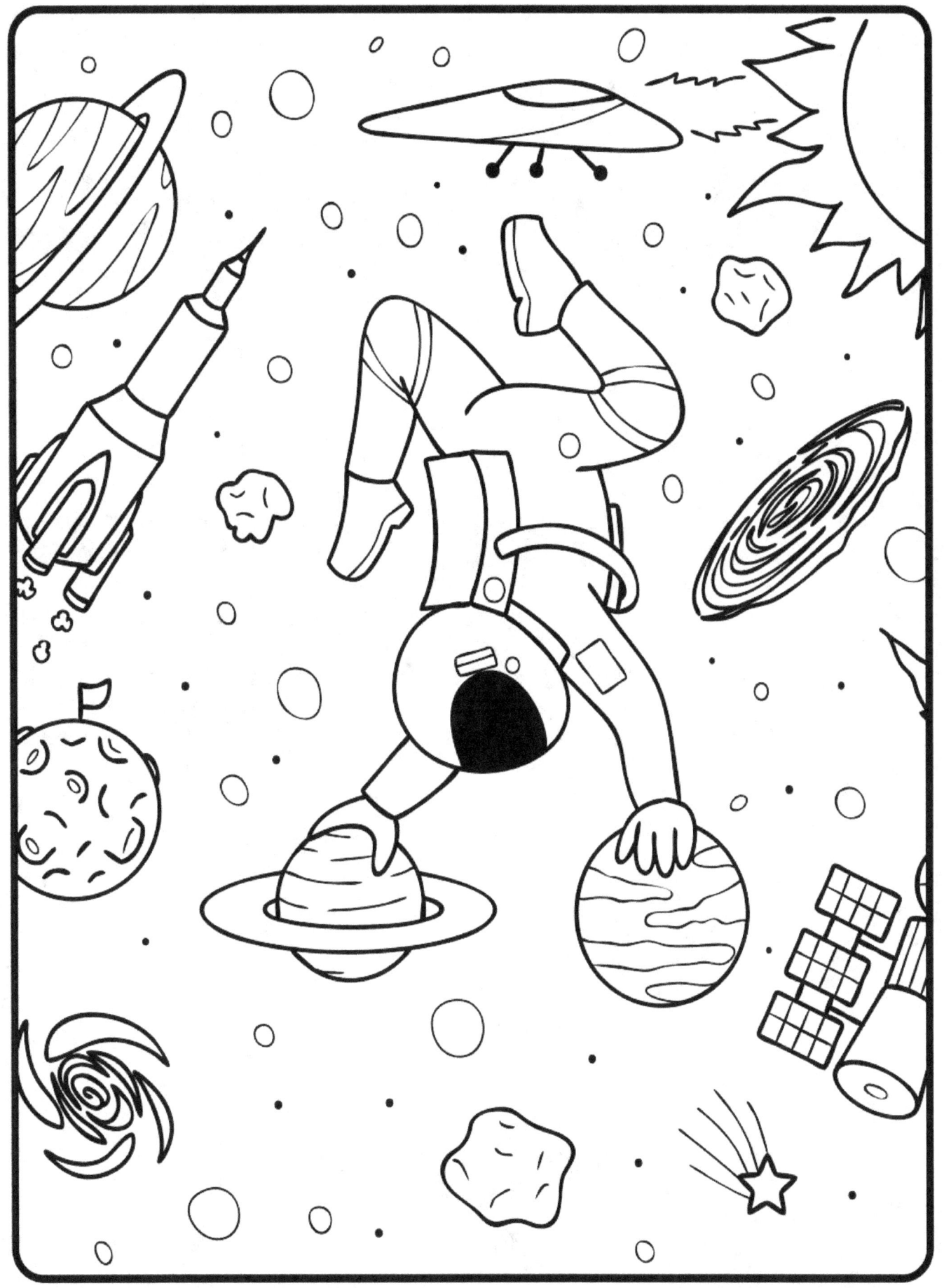

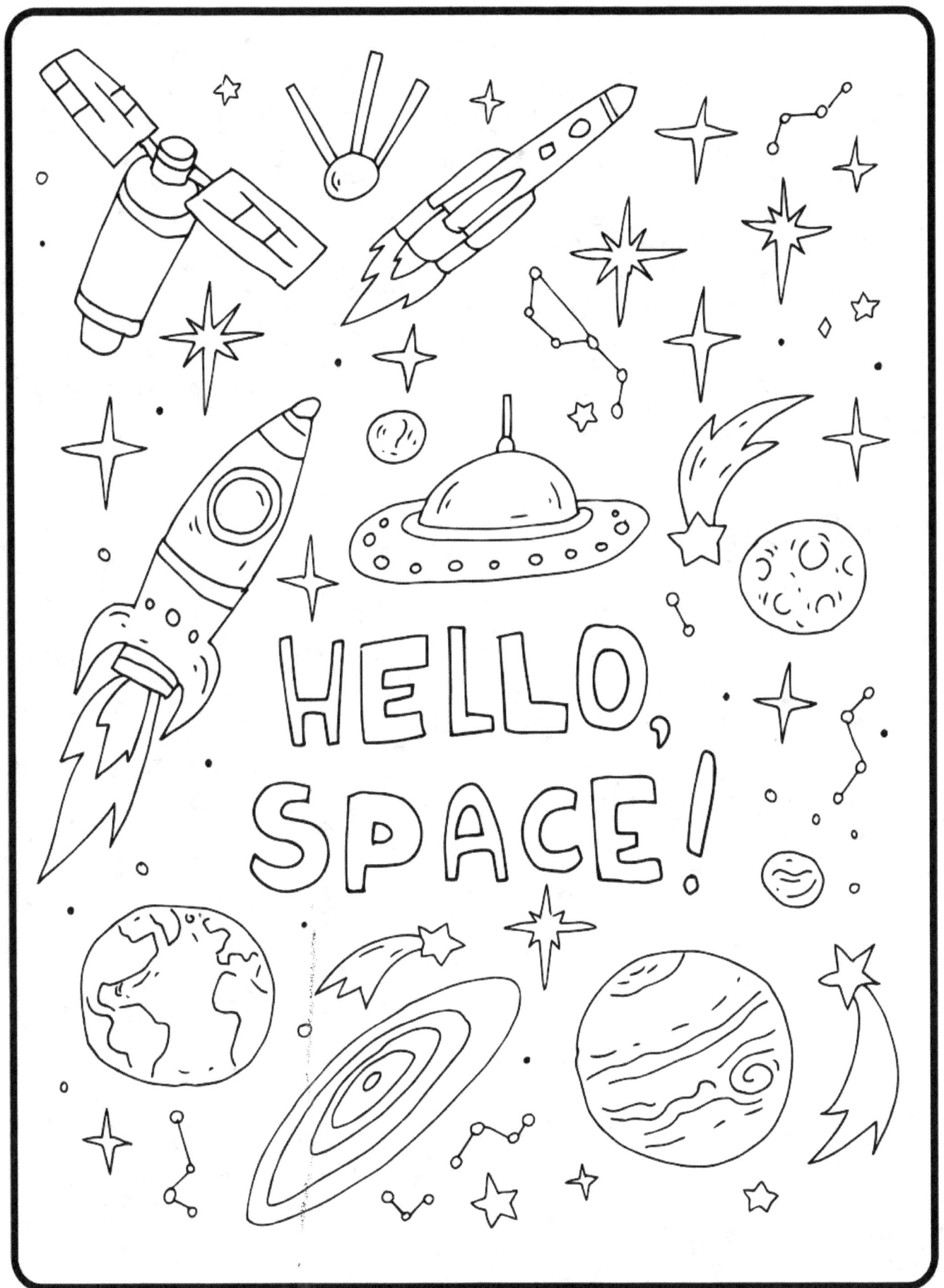

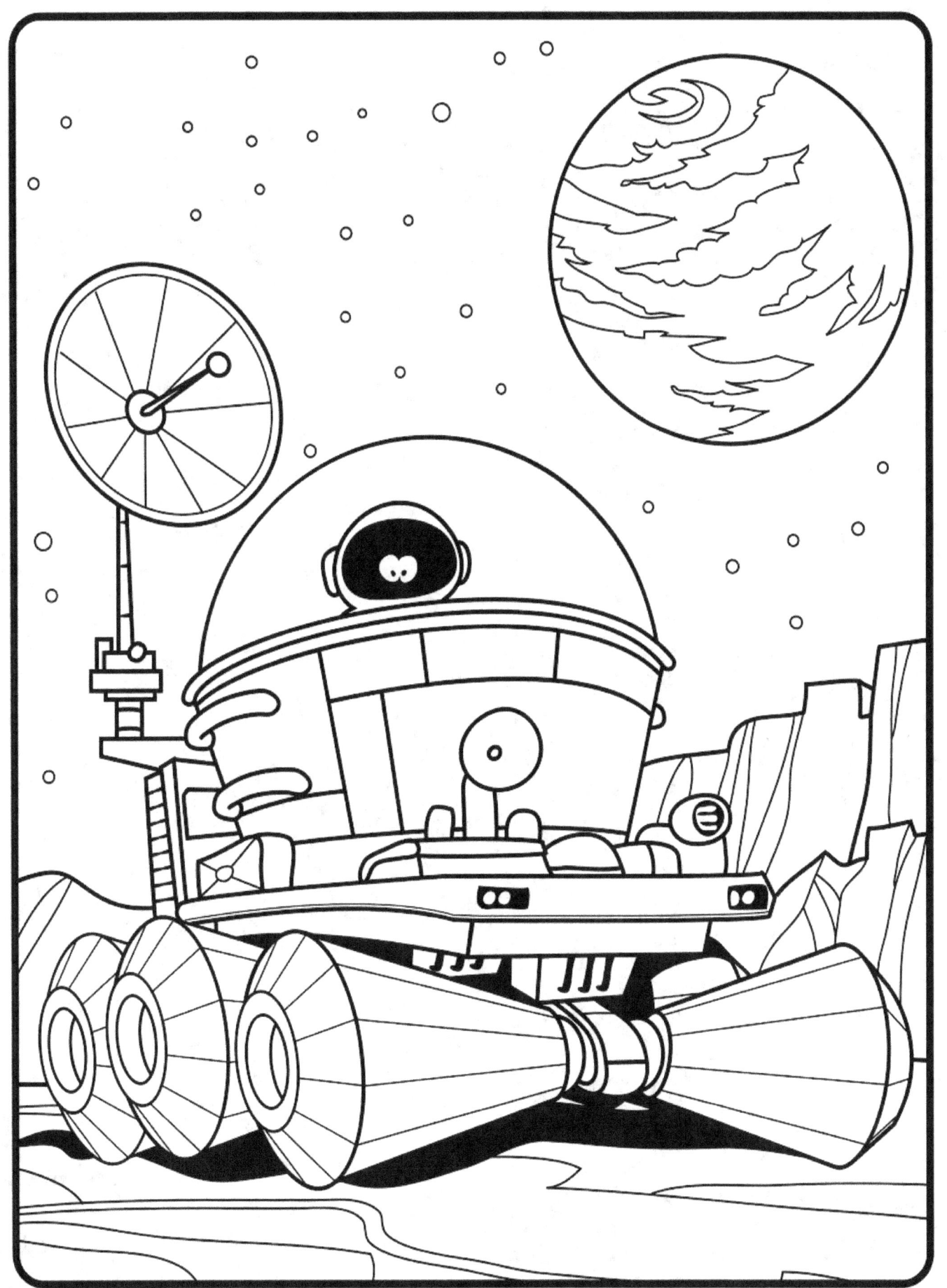

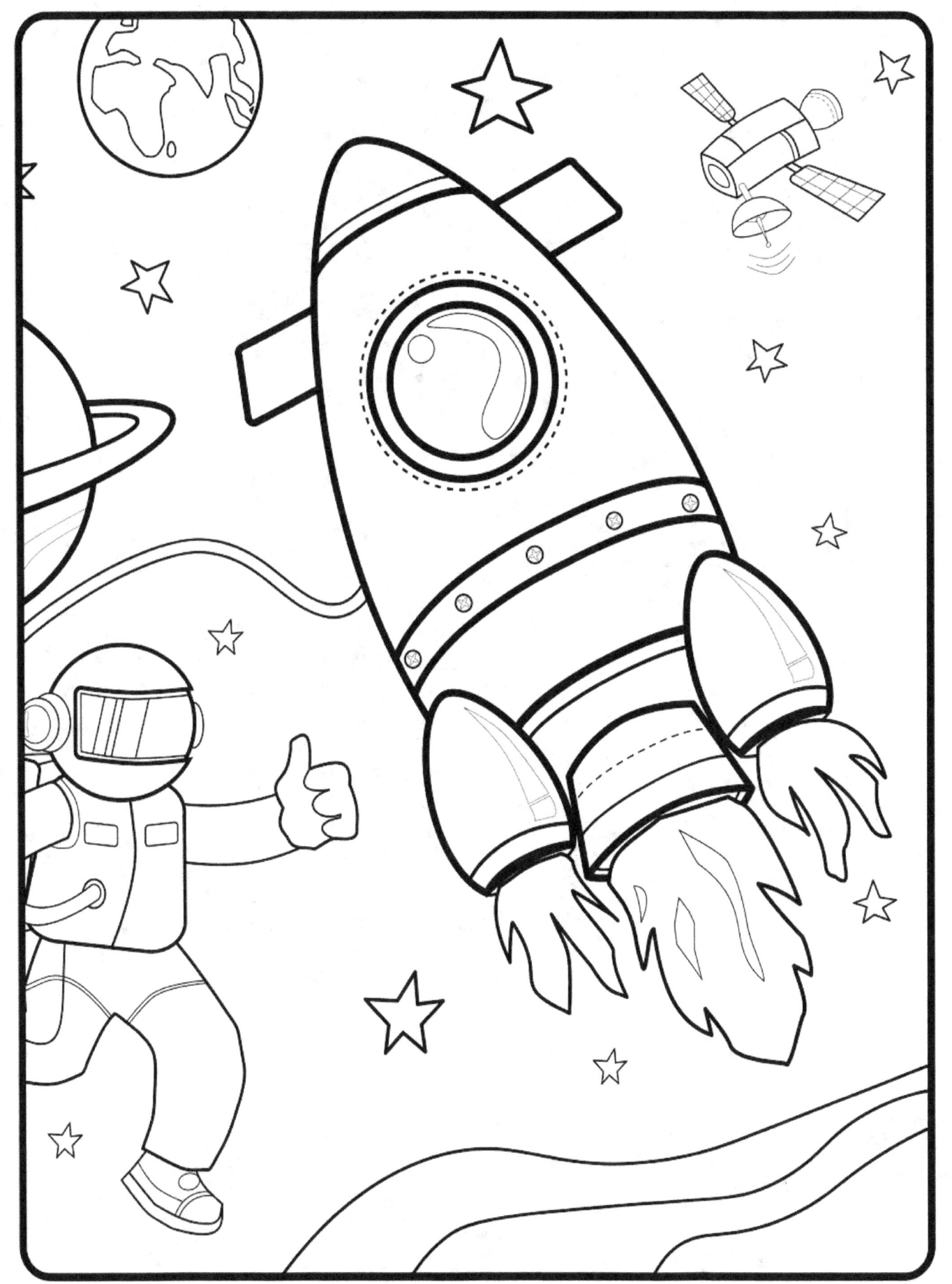

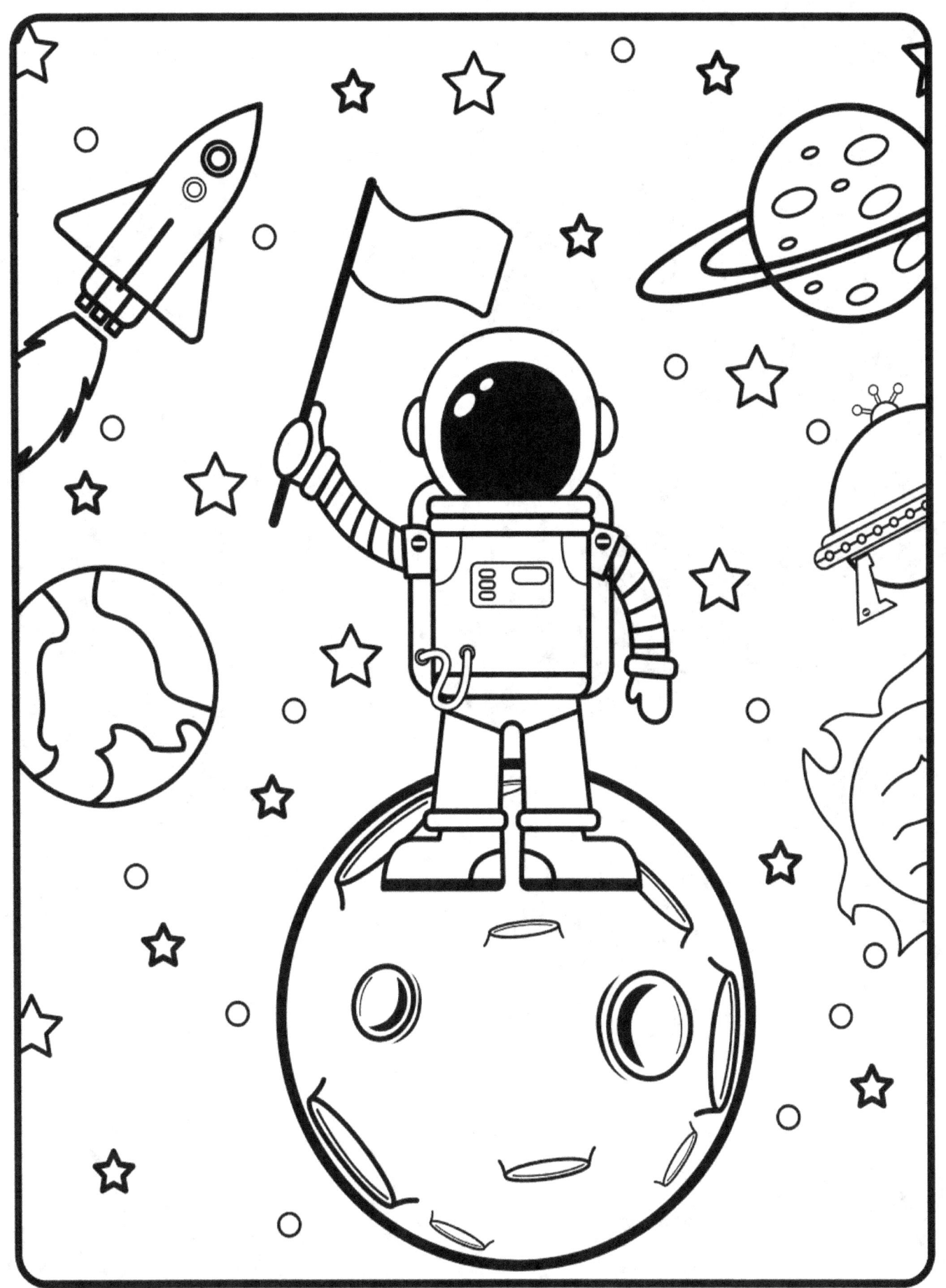

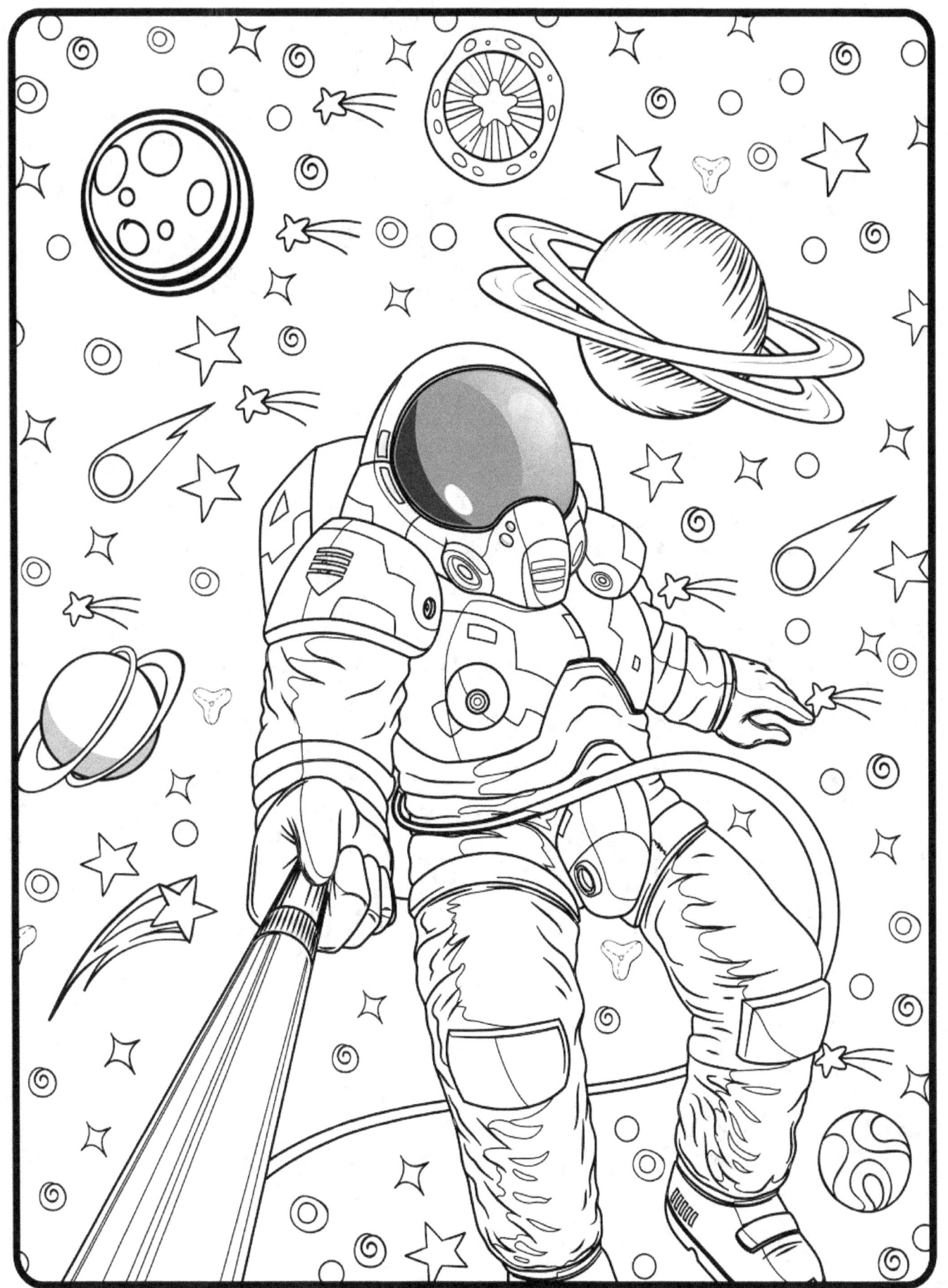

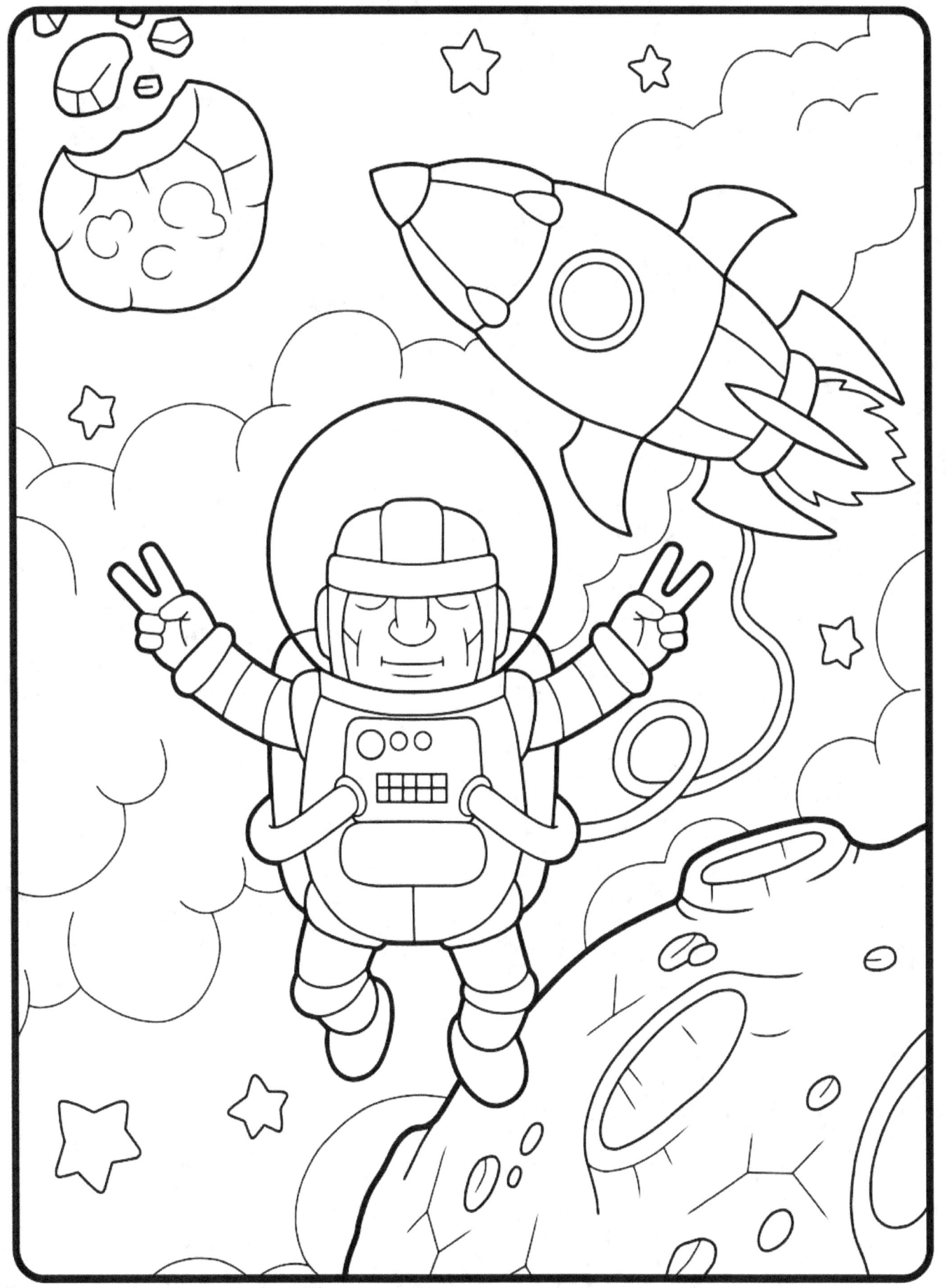

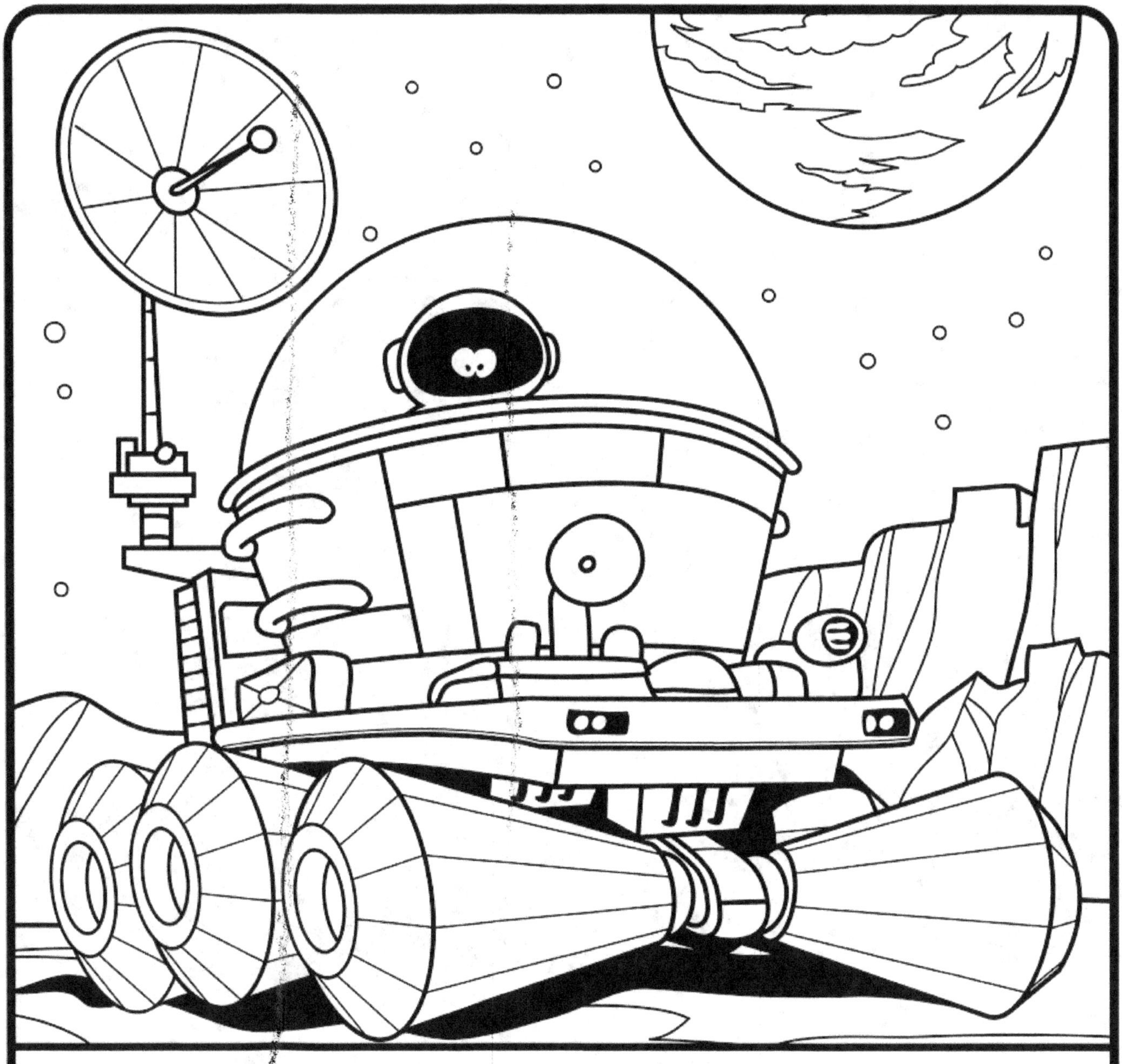

Merci d'avoir acheté ce livre

Si vous aimez le livre, pensez à laisser un commentaire, cela aidera l'auteur à créer de meilleurs livres à l'avenir.

www.amazon.fr/Katrin-Stark

OU SCANNEZ AVEC LE CODE QR